MW01537335